CÓMO

ESCRIBIR

UN

LIBRO

UN PROCESO DE 11 PASOS
PARA CONSTRUIR HÁBITOS,
EVITAR LA PROCRASTINACIÓN,
ESCAPAR DEL PÁNICO A LA
HOJA EN BLANCO Y PERMITIR
QUE TU CREATIVIDAD FLUYA

UNA

OBRA BREVE

DE

DAVID KADAVY

TABLE OF CONTENTS

NUNCA PENSÉ QUE escribiría un libro, y, mucho menos, dos. No soy uno de esos autores que pasó la infancia deseando escribir; de hecho, me convertí en escritor por accidente. Si tienes curiosidad acerca de cómo escribir un libro, esto es lo que te diría:

Escribo desde la perspectiva de un autor de no ficción, pero gran parte de lo que viene a continuación podría aplicarse también a ésta. La que sigue no es exactamente la forma en que empecé desde cero, pero así es como lo haría hoy: me habría ahorrado mucho tiempo y esfuerzo durante mis diez años como creador independiente.

DESMINTIENDO FALSAS CREENCIAS ACERCA DE CÓMO ESCRIBIR UN LIBRO

El primer paso para escribir un libro es desmentir las falsas creencias existentes acerca de cómo se hace. Los libros están rodeados de un halo de misterio. Si nunca has escrito uno, puede ser difícil llegar a entender lo que se necesita para ello.

Si ni tan siquiera conoces personalmente nadie que se dedique a escribirlos, los libros pueden resultar aún más misteriosos. Crecí en una urbanización de clase media perdida en Nebraska, por lo que nunca conocí a nadie que escribiera. De alguna manera, casi no podía entender que los libros habían sido creados por personas de carne y hueso como yo.

Y resultó que escribir un libro es por un lado más difícil, pero por otro mucho más fácil de lo que podría haber imaginado. Es difícil porque requiere un gran compromiso, algo que pocas personas están dispuestas a aceptar. Es fácil porque, cuando decidimos ponernos a ello, escribir un libro consiste sencillamente en sentarnos en una silla y lanzar palabras.

Escribir un libro es un trabajo ciertamente duro, no adecuado para todo el mundo. Por eso deberíamos contestar con sinceridad a la pregunta de si realmente queremos enfrentarnos al esfuerzo que supone. Existen otras maneras de crear un libro, como Book in a Box.

Si la respuesta a esta pregunta es "sí", entonces has de saber una cosa: escribir no es siempre difícil. Si careces de una cierta experiencia en este campo, es probable que reunir 250 palabras bien escritas te resulte complicado. Siendo así, pensar en escribir 25.000 o 50.000 palabras se nos presenta como una tarea increíblemente ardua.

Pero escribir con calidad no es un proceso lineal: escribir 25.000 palabras coherentes no tiene por qué resultar cien veces más difícil que escribir 250.

Lograr que nuestra habilidad con la escritura mejore es como ir al gimnasio. A veces los entrenamientos son muy duros, pero facilitan que más adelante sea mucho más sencillo hacer la misma cantidad de ejercicio. Se avanza mucho más yendo al gimnasio a menudo que entrenando demasiado intensamente en nuestras primeras visitas.

Si comienzas escribiendo textos de 250 palabras varias veces, lograrás que se vuelva algo sencillo. Luego pasarás a escribir piezas de 500 palabras, de 1.000… Antes de que te des cuenta, habrás adquirido la confianza y la habilidad necesarias para escribir un libro completo. Podrás visualizarlo en tu imaginación tan claramente como aquel primer texto de 250 palabras.

Escribir no tiene que ser siempre difícil, y además se va volviendo exponencialmente más sencillo. Cuanto más escribas, más fácil será.

FALSA CREENCIA Nº 2: LOS LIBROS SE ESCRIBEN DIRECTAMENTE.

Antes creía que para escribir un libro solo necesitábamos sentarnos y escribir. Esta es una peligrosa falsa creencia que creo que muchas personas comparten.

¿Por qué es peligrosa? Porque si crees que solo necesitas sentarte y escribir, entonces lo único que se interpone entre tú y un libro entero son seis meses de tiempo libre y una cabaña aislada en el bosque. Y ¿quién tiene seis meses de tiempo libre y acceso a una cabaña aislada en el bosque? Nadie.

Hay millones de personas por ahí, fantaseando con libros, creyendo que algún día dispondrán de ese tiempo libre, alquilarán esa cabaña y escribirán ese libro. Y, claro, eso es algo que no ocurrirá.

Lo peligroso de creer esto es que nos sentimos bien al

fantasear sobre nuestro libro e imaginar que algún día lo escribiremos. También nos sentimos bien al no escribir, porque escribir es trabajar, y no trabajar nos hace sentirnos mejor que trabajar.

Por eso, esta creencia permite que las personas no escriban pero aún así se sientan bien. Hasta que, un día, mueren. Y su libro aún no está escrito.

No es tan sencillo como sentarse y forzar la creación del libro. Intenté hacerlo con mi primera obra: me encerré en mi apartamento durante seis meses durante uno de los inviernos más duros de la historia de Chicago. Me fue imposible componerlo escribiendo una palabra tras otra. En cambio, terminé dando con una versión comprimida de lo que contaré a lo largo de esta obra. Logré terminar el libro, pero me traumaticé a mí mismo, lo que en parte fue la razón por la que pasaron otros seis años antes de lanzar un segundo.

Pero ten en cuenta que estuve escribiendo bastante: pasé esos seis años actualizando regularmente mi blog, cuando me ofrecieron que lo publicara.

Escribir un libro no es algo que se haga directamente, una palabra tras otra. Se trata más bien de un esfuerzo sostenido y de reunir diferentes conocimientos en una especie de mosaico.

FALSA CREENCIA Nº 3: NO REGALES LO QUE ESCRIBES.

Cuando la mayoría de la gente piensa en crear un libro,

se imaginan que lo escriben y luego lo lanzan a un mercado repleto de personas deseosas de comprarlo y leerlo.

Debido a esta fantasía, creen que no deberían regalar lo que escriben. Al fin y al cabo, la gente va a pagar por su libro, por lo que se imaginan que si regalan lo que escriben nadie llegará a pagar por ello.

Esto causa una situación creativa paradójica en principiantes: no escriben porque piensan que su creación debería ir directamente a un libro, pero no pueden escribir porque no han escrito lo suficiente como para adquirir las habilidades para ello. Esto acaba causando parálisis.

Tu creación literaria va a competir con cualquier otra forma de entretenimiento existente: compite contra Facebook, contra *Juego de Tronos* e incluso contra el sexo, que son prácticamente gratuitos, por lo que, si insistes en permitir que solo las personas que paguen puedan leer tus escritos, la lucha que supone escribir un libro será aún más ardua.

Aunque en un principio entregues tus escritos sin cobrar, realmente no los estás entregando "gratis". Piensa en ello más como un tipo de trueque: tu creación a cambio de comentarios que harán que llegue a valer la pena pagar por ella. Además, estarás reuniendo un pequeño ejército de gente que defenderá tu escritura. Puede parecer contradictorio, pero las personas que leyeron tu trabajo de forma gratuita también serán las primeras en pagar por ello.

¿Necesita ejemplos? E. L. James publicó gratuitamente su *fan fiction* de "Crepúsculo" (*Twilight*) antes de volver a publicarla como "50 Sombras de Grey" (*50 Shades of Grey*), que vendió más de 125 millones de copias y de la que se han realizado tres adaptaciones cinematográficas. Después de ser rechazado por diferentes agentes literarios, Andy Weir publicó online "El Marciano" (*The Martian*) de forma gratuita, capítulo a capítulo. La adaptación cinematográfica ha recaudado casi 250 millones de dólares.

Antes de escribir mi último libro, estuve hablando por teléfono con Nir Eyal, que conoce el valor de lo gratuito. En su día había regalado "Enganchado (Hooked): Cómo Construir Productos y Servicios Exitosos Que Formen Hábitos" (*Hooked: How to Build Habit Forming Products*), para el que más adelante logró un contrato de publicación: *Hooked* se convirtió en un *best-seller* del Wall Street Journal.

Mientras me preparaba para escribir mi segundo libro, me resistía a regalar mi trabajo. Nir me explicó que, si las ideas son buenas, se difundirían y, si no, al menos no malgastaría años de mi vida escribiendo algo que nadie querría leer.

PASO Nº 1: COMIENZA POCO A POCO ACOSTUMBRÁNDOTE A ESCRIBIR

Cuando pienses en escribir un libro, imagina el Gran Cañón. Lo que deseas lograr requiere un esfuerzo lento y sostenido a lo largo de un prolongado período de tiempo. El Gran Cañón no se formó de la noche a la mañana, sino que el río Colorado lo fue esculpiendo poco a poco, día a día.

Algo mágico sucede cuando se escribe a diario. Escribir bien puede parecer imposible al principio, pero de repente un día se vuelve más fácil. Aún habrá días malos de vez en cuando, pero la mejora continuará.

Cuando digo "todos los días" me refiero a, al menos, cada día laborable. Puedes tomarte un par de días libres, pero, según mi experiencia, si te tomas más que eso notarás cómo tu técnica empeora drásticamente.

Convierte la escritura en un hábito. Encuentra un lapso de diez minutos diarios en los que mejor puedas llevar a cabo esta costumbre. La mayoría de las personas mantienen los hábitos mejor si lo hacen por la mañana, ya que la locura del día a día aún no ha tenido la oportunidad de desbaratar todas sus buenas intenciones. Existe una mayor posibilidad de mantenimiento del hábito si se sitúa después de una costumbre preexistente: por ejemplo, puedes sentarte a escribir justo después de lavarse los dientes.

QUE ESTA COSTUMBRE SEA PEQUEÑA

Te habrás dado cuenta de que he comenzado diciendo que solo necesitas un ratito de diez minutos para escribir. Sí, solamente diez minutos. Este rato irá creciendo, como una grieta en la pared, pero de entrada se trata de proporcionarle a la escritura un poco de tu tiempo.

Proponte un volumen de escritura que esté muy por debajo de tu capacidad. La cantidad de cien palabras es mi favorita, pero también pueden ser cincuenta. Hay que tener en cuenta que solamente estás tratando de crear un hábito, no de que éste suponga mucho esfuerzo.

Cuando la mayoría de las personas que comienzan en la escritura intentan desarrollar el hábito, comienzan intentando lograr algo así como 1.000 palabras cada vez. Podrán hacerlo durante un día o dos, pero al final algo siempre se interpone en el camino. Cuanto más pequeña sea la costumbre, más difícil será inventarse una excusa para no hacerlo.

Sin embargo, si continúas practicando, es probable que ganes impulso para hacer cada vez más. Felicítate por mantener este hábito. ¿Qué tal si te premias con un café?

Si deseas continuar después de haber alcanzado el número de palabras que te habías propuesto, continúa, pero sin llegar a castigarte o quemarte. El objetivo es sentirse bien al escribir hoy, para desear escribir de nuevo mañana. Déjalo cuando quieras.

Para saber más sobre por qué las "pequeñas" costumbre son tan poderosas, escucha el podcast dedicado a los hábitos (en Inglés) que realicé con B.J. Fogg, científico de Stanford especializado en comportamiento.

PASO Nº 2: APRENDE SOBRE LIBROS ANTES DE ESCRIBIR UN LIBRO

Si no has publicado un libro anteriormente, es posible que no sepas qué es un libro. Digo esto porque, incluso después de haber publicado un éxito de ventas, yo aún no sabía qué era un libro.

Suena ridículo insinuar que alguien pueda no saber qué es un libro. Los libros están a nuestro alrededor. Es exactamente por eso que es difícil reconocer qué es un libro; son como el aire que respiramos. No pensamos en la compleja mezcla de moléculas que nos mantienen vivos con cada respiración; del mismo modo, no pensamos en cuántas ideas y cuidados se han invertido en hacer un libro que valga la pena comprar.

UN LIBRO ES UN PRODUCTO

Un libro es un producto. Un producto es algo que se compra y que hace algo por ti. Podría ser un detergente para la ropa que elimine las manchas de hierba o unos cómodos zapatos. Por otra parte, también podrían ser unos zapatos terriblemente incómodos, pero que, aun así, nos sentaran de maravilla.

Un libro no es diferente de cualquier otro producto. La gente compra libros para conseguir algo. Es posible que quieran aprender algo, lograr una transformación personal, desconectar un poco durante su viaje en tren al trabajo, o puede que lo compren para poder decir en una reunión social que lo están leyendo y así sentirse inteligentes.

Un libro es mucho más que una colección de palabras. Las palabras están ordenadas de cierta manera para que la persona que lo lee lo disfrute y se lo recomiende a sus amistades. Las palabras están envueltas en un título, un subtítulo y una cubierta, para que las personas lectoras quieran comprarlo. El libro está categorizado y se le han añadido palabras clave para que las personas que lo deseen puedan encontrarlo en Amazon o en la librería.

APRENDE DE FORMA GRATUITA CON LAS MUESTRAS DE KINDLE

Una vez que tengas un hábito de escritura sólido, digamos que has invertido aproximadamente un mes de escritura constante, comienza una nueva costumbre. Ve a Amazon y comienza a descargar muestras en tu Kindle.

Si tienes alguna idea de qué tipo de libro quieres escribir, comienza con libros como ese. Si no tienes idea, mira tu libro favorito y descarga muestras de Kindle de los libros relacionados en "los clientes también compraron".

Este es el comienzo de tu aprendizaje gratuita acerca del negocio de los libros.

Reserva una hora en algún momento y lee una de las muestras de Kindle. Pregúntate, ¿por qué alguien compraría este libro?

- **Observa el título y el subtítulo.** ¿Qué es lo que les dice a las personas lectoras lo que el libro hará por ellas?
- **Lee la primera frase.** Párate un momento y siente tu propia reacción. ¿Cuánta necesidad experimentas de leer la siguiente?
- **Lee toda la muestra.** Intenta leerla dos veces: la primera vez, apaga tu cerebro y simplemente reacciona al lenguaje. La segunda vez, analiza las palabras y pregúntate por qué reaccionaste de la manera en que lo hiciste (o por qué no hubo ninguna reacción).

Cuando llegues al final de la muestra, pregúntate qué necesidad experimentas de seguir leyendo el libro (es decir, qué necesidad tienes de comprar el libro).

Dirígete entonces a las reseñas de Amazon. Busca los comentarios de cinco estrellas más elaborados. ¿Por qué a alguien le encanta este libro? Busca ahora comentarios elaborados de una estrella. ¿Por qué alguien lo detesta? Aún más valioso, lee las reseñas de tres y cuatro estrellas. ¿Por qué a alguien *casi* le encanta este libro?

Haz esto regularmente. De vez en cuando, leerás una muestra de un libro que no podrás evitar comprar. Toma nota de eso y presta atención a tu monólogo interior a medida que lees y decides comprar.

No hay datos que recopilar aquí, ni hojas de cálculo para compilar. Simplemente, acostúmbrate a leer tanto muestras de Kindle como libros enteros, mientras aprendes que los libros son productos y que las personas compran libros por una razón.

No voy a entretenerme con demasiados detalles en este punto. Es un factor importante para cómo escribir una obra, pero profundizar mucho más sería ahondar en el marketing de libros. El propósito de este texto es, por supuesto, mostrarte cómo escribir un libro. Si quieres saber más sobre ello, escucha el podcast dedicado al marketing de libros (en Inglés) que realicé junto al genio del marketing literario Tucker Max.

PASO Nº 3: ACOSTÚMBRATE A PUBLICAR

Después de haber establecido la costumbre de escribir durante un mes aproximadamente, comienza a crear el hábito de la publicación. Hay dos puntos clave de resistencia en la escritura: callar la voz crítica interior lo suficiente como para llegar a escribir, y silenciar a los críticos imaginarios que escucharás al pensar en publicar.

Publicar tu trabajo es en sí mismo una habilidad. Cuanto más lo hagas, mejor lo harás. No dejará necesariamente de intimidarte, pero al menos aprenderás a ver el miedo como una señal positiva. Si no sientes una cierta preocupación antes de pulsar "publicar", probablemente no te hayas abierto lo suficientemente en tu escritura, o estés ocultando algo. (O tengas algo de psicópata).

PUBLICA EN ALGÚN LUGAR - RECOMIENDO MEDIUM

Publica en cualquier lugar donde la gente tenga la oportunidad de ver tu trabajo. Podrías hacerlo en un blog personal de WordPress, pero personalmente soy un gran fan de las publicaciones en Medium. Medium me ofrece dos de las cosas más valiosas que se puedan tener como escritor: gente que nos lee y comentarios.

Si estás empezando desde cero, probablemente pasará mucho tiempo antes de que alguien lea tu trabajo. Cuando comencé a escribir en Medium ya tenía 8.000 seguidores (que había ido reuniendo a lo largo de los años en otras plataformas, como Twitter). Aun así, publiqué una entrada todos los días durante dos meses y parecía que nadie estaba leyendo.

Entonces, aparentemente de la noche a la mañana, entendí el truco. Mi primer post después de dos meses de escritura diaria obtuvo más de 100.000 visitas y a día de hoy la gente que me sigue se ha cuadruplicado.

Convierte la costumbre de escribir en un hábito de publicación. Publica un post diario en Medium. Puedes establecer un límite mínimo en su extensión que te permita excederlo, como 100 palabras; es decir, que puedas publicar 100 o 1.278 palabras, por ejemplo. O puedes establecer una cantidad de palabras que debas lograr todos los días; por ejemplo, intentar mantenerte en torno a las 250 palabras.

Al decidir un número de palabras objetivo, por ejemplo, 250, podrás expresar mejor tus ideas con esa cantidad. Concretarás más, logrando una escritura más definida. Las publicaciones de 250, 500 y 1.000 palabras, y los textos de miles de palabras como éste, todos tienen un flujo diferente. Resulta muy útil dominar una extensión antes de intentar otra.

USA ETIQUETAS PARA PRESENTARTE A TU PÚBLICO

escritor

Escritor (462)

Escritore (2.4K)

Escritora (260)

Escritores Mexicanos (34)

Escritorio De Advocacia (17)

*Las etiquetas de Medium permiten que tu obra
sea descubierta por personas interesadas en esa
temática en concreto.*

Asegúrate de añadir "etiquetas" a tus publicaciones para que haya una posibilidad de que alguien las lea. Cuando al ir a publicar una entrada añadas una etiqueta, verás un pequeño número junto a su nombre: esto te informará de cuántas personas están siguiéndola.

Al principio es más recomendable emplear un par de etiquetas relevantes, con una cierta audiencia, pero que no sea demasiado abundante para evitar la competencia. A continuación, añade un par de etiquetas relevantes que tengan una gran audiencia, por si acaso.

LEE LOS COMENTARIOS

Con el tiempo, la gente comenzará a comentar en tus publicaciones. Aquí es donde comenzarás a ver si lo que escribes está funcionando bien.

Te sorprenderás de cuántos comentarios demuestran que no se ha entendido el tema principal del artículo. Aún más sorprendente, habrá comentarios que serán básicamente: "Sí, pero ¿se te ha ocurrido pensar en *esto*?", y *esto* será precisamente de lo que tratará el artículo.

Es entonces cuando te darás cuenta de que las personas que leen no están prestando mucha atención. Está viajando en el autobús y miran tu entrada mientras escuchan un podcast y tratan de no tener fantasías inapropiadas sobre el resto de personas que se encuentran en el vehículo. O, tal vez, simplemente no son tan inteligentes.

No importa. Tu trabajo al escribir es hacerlo de manera tan atractiva y clara que las personas que lean tu obra apaguen sus podcasts, se acomoden en sus asientos y presten atención. Es decir: tu trabajo es escribir para que los pensamientos que deseas poner en sus cerebros logren llegar a sus cerebros.

Sí, algunas personas están en un nivel tan bajo de inteligencia y atención que habrá que decidir que no puedes llegar a ellas. Pero, en última instancia, es tu responsabilidad que tus escritos logren establecer una conexión. Si no lo hacen, no venderás libros.

Es posible que te asustes la primera vez que alguien comente sobre tu trabajo, especialmente si lo critican o tratan de iniciar un debate. Deberías pensar más en comprender a esa persona y lo que está diciendo que en tu respuesta. ¿Malinterpretaron algo que podrías haber dicho más claramente? ¿Qué motivaciones personales tienen para comentar?

Puedes responder si quieres a los comentarios reflexivos, pero no te estreses al respecto. Para responder a los comentarios negativos, respira hondo, intenta comprender, busca críticas constructivas y, si existen formas más productivas en las que puedas usar tu preciosa energía, ignóralos.

REVISIÓN DE DESTACADOS

También comenzarás a ver destacados en tu publicación. No puedo afirmar lo suficiente cuán valiosos son. Solamente por esto Medium posee una ventaja sobre cualquier otro lugar donde puedas publicar tu trabajo.

Revisar los aspectos más destacados de Medium es una excelente manera de ver exactamente qué es lo que llama la atención.

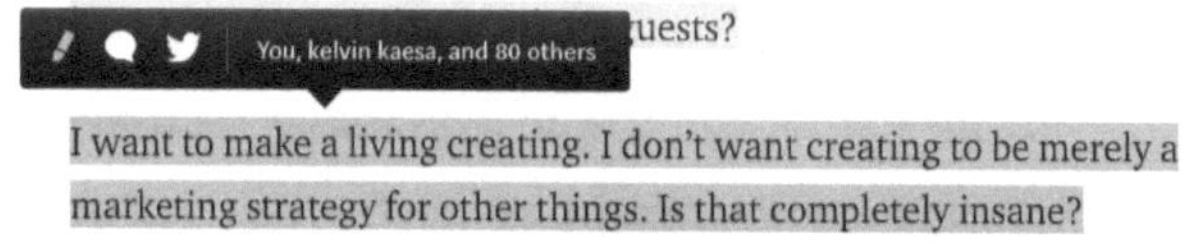

Revisar los aspectos más destacados de Medium es una excelente manera de ver exactamente qué es lo que llama la atención.

Las personas destacan algo para hacer un comentario sobre un pasaje, para compartirlo en las redes sociales o simplemente para recordar o decir que están de acuerdo con algo de lo que has escrito. Verás exactamente lo que conecta con las personas y exactamente lo que la gente quiere compartir con los demás.

Cada vez que veas un destacado que alguien haya hecho, léelo una y otra vez. Pregúntate de qué trata esa afirmación que destacaron. A menudo encontrarás que la gente resalta cosas que te parecen obvias o básicas. Podrías presentar una explicación brillante y bien pensada, pero que fuera la conclusión lo que se destacase.

Con el tiempo, obtendrás una idea de lo que las personas destacarán. Mientras escribes, intenta pensar con antelación cuál será la conclusión más popular.

PASO Nº 4: CREA UNA LISTA DE CORREO ELECTRÓNICO

Tener una lista de correo electrónico, donde las personas pueden registrarse para saber sobre tu trabajo vía email, no es un requisito para escribir un libro, pero hace que el trabajo de escribir un libro valga la pena.

Si hay un par de cientos de personas a las que sabes ya que les interesa leer tu trabajo, es mucho más fácil encontrar la motivación para escribir un libro.

Hay muchas formas de hacer que las personas consideren apropiado registrarse en tu lista de correo electrónico. No dejes que lo perfecto sea enemigo de lo bueno. Comienza con algo sencillo, como un mensaje corto al final de cada publicación, que diga: "¿Quieres ser la primera persona en saber cuándo publico algo nuevo? [Regístrate aquí >>]"

En el futuro, podrías ofrecer algún tipo de regalo al efectuar el registro. Yo ofrezco herramientas para optimizar los resultados creativos. Como veremos más adelante, también he obtenido nuevos registros permitiendo a mis suscriptores leer mi nuevo libro de forma gratuita, mientras lo escribía.

¿Qué plataforma de marketing de emails debes usar? Para autores y autoras recomiendo ConvertKit. Personalmente uso Active Campaign, que es más engorroso y complicado pero ofrece un poco más de control. Tengo muchas automatizaciones complicadas para vender mis cursos en línea, así que a mí me vale la pena, aunque tengo que decir que a veces me gustaría estar en ConvertKit. Escribí una detallada comparativa de ConvertKit vs Active Campaign, por si quieres obtener más información.

MANTRAS PARA ESCRIBIR TU LIBRO

Voy a tomarme un breve descanso de los "pasos" para escribir un libro y compartiré algunos "mantras" útiles que te ayudarán a avanzar. Convertirte en una persona escritora es una batalla contra tu propia mente. Puedes llegar a disuadirte de la necesidad de establecer una costumbre, de hacer que este hábito sea pequeño, o de acostumbrarte a publicar.

A mí me resulta muy útil disponer de "mantras": cosas que me digo a mí mismo de vez en cuando para huir de mi propio camino. Aquí hay algunos que me parecen valiosos.

MANTRA Nº 1 ACERCA DE ESCRIBIR LIBROS: "HAY MÁS DE DONDE VINO."

Cuando comienzas a escribir, existe la tentación de tratar

cada línea de escritura como si fuera una gota de oro líquido que debe ser salvaguardada. Este sentimiento se hace más intenso por el hecho de que te has dispuesto a escribir solo una pequeña cantidad de palabras cada día.

En última instancia, se trata de hacerse a la idea de que **hay más de donde vino**. Sí, quiero escribir cierto número de palabras cada día, pero siempre hay más. A veces escribo muchos miles de palabras cada día, pero me felicito a mí mismo solo por el hecho de haber escrito.

MANTRA N° 2 ACERCA DE ESCRIBIR LIBROS: "SIEMPRE PODRÉ MEJORARLO."

Una de las cosas que más orgullo me producen de convertirme en escritor es sentirme cómodo si escribo mal. Puede ser paralizante tratar de plasmar esas primeras palabras en la página, porque la voz crítica interior se está riendo a carcajadas.

Al decirte **siempre podré mejorarlo**, te recuerdas que realizarás un segundo, tercer o cuarto repaso al texto. Así se mata la parálisis que produce el deseo de perfección.

MANTRA N° 3 ACERCA DE ESCRIBIR LIBROS: "ESTÁ BIEN DECIRLO DE NUEVO."

Si crees que solo dispones de una oportunidad para decir algo, será mucho más difícil de decir, ya que sentirás que debes hacerlo de manera perfecta. Sentirás el temor de que las personas que leen tus escritos se harten de ver lo mismo otra vez.

Nadie está prestando tanta atención y, de todos modos, a la mayoría de las personas les gustan los recordatorios. Repítete esto: **está bien decirlo de nuevo**. Permítete escribir sobre el mismo tema varias veces. Encontrarás que cada vez escribes mejor sobre ese tema.

MANTRA Nº 4 ACERCA DE ESCRIBIR LIBROS:
"ES MEJOR DE LO QUE CREES"

Somos la crítica más dura de nuestro propio trabajo. Esto es especialmente cierto si se es perfeccionista. Nuestro ego lucha por minar nuestra escritura para así evitar su publicación.

Si no se publica, no existe el fracaso. Repítete esto: **es mejor de lo que crees**. Incluso si no es excelente, al menos servirá para salir del paso, ya lo mejorarás la siguiente vez.

MANTRA Nº 5 ACERCA DE ESCRIBIR LIBROS:
"SOY ALBAÑIL."

Escribir es un trabajo. Puedes pasar toda una vida trabajando en la selección de palabras, en el ritmo y la narración, pero en resumen se trata de colocar palabras, una tras otra.

Repítete esto: **soy albañil**. Tienes una cierta cantidad de ladrillos que deseas colocar cada día y, después de terminar el trabajo, podrás sentir que lograste algo.

MANTRA Nº 6 ACERCA DE ESCRIBIR LIBROS:
"SIEMPRE HAY UN MAÑANA."

A veces se tiene un día duro. Te despertarás por la mañana sintiéndote genial, pero te sorprenderás al descubrir que tu escritura es terrible. Otras veces te despertarás sintiéndote fatal y descubrirás que escribes genial.

No importa. Todo lo que importa es que te sentaste a escribir. Recuérdate que **siempre hay un mañana**. Si sigues haciéndolo todos los días, vendrán días buenos.

MANTRA Nº 7 ACERCA DE ESCRIBIR LIBROS: "NO VIVIRÉ ETERNAMENTE."

Esto contradice directamente el mantra anterior, pero tiene un propósito diferente. Si te olvidas de que la vida es corta, las excusas para no escribir son mucho más sencillas de encontrar.

Recuérdate que **no viviré eternamente**. Al recordar que puedes morir en cualquier momento, es posible que encuentres la prisa extra necesaria para hacer el trabajo mientras aún estés con vida.

PASO Nº 5: ESCRIBE UN TÍTULO QUE VENDA LIBROS

Es posible que hayas tenido en mente un título para tu libro antes de comenzar todo esto. Si eres como yo, después de estudiar muchos libros te habrás dado cuenta de que no es el título correcto.

Valdría la pena escribir un libro sobre cómo obtener un buen título de libro. Hay muchísimos factores a considerar. Aquí hay algunos:

- ¿Qué palabras clave utilizarán las personas para buscar el libro?

- ¿Qué se siente al decirle a alguien que está leyendo un libro con ese título?
- ¿Es un título fácil de entender si se dice en voz alta?
- ¿El título suena genial? ¿Tiene un buen ritmo al ser pronunciado?
- ¿Qué otros significados poseen las palabras del título? ¿Evocan imágenes que apoyen o resten valor a lo que se quiere transmitir?

Observa algunos ejemplos prácticos de estos factores:

Play it Away ("Elimínala jugando") es un libro sobre curar la ansiedad. Su autor, Charlie Hoehn, dijo que no quería "ansiedad" en el título, porque esta palabra haría menos probable que la gente les comentase a sus amistades que lo estaban leyendo.

Pero las personas que buscan libros acerca de la ansiedad (algo bastante privado) pueden encontrarla en su búsqueda, porque "ansiedad" está en el subtítulo: "A Workaholic's Cure for Anxiety" ("Remedio para la ansiedad de un adicto al trabajo").

(Podría hablar más tendidamente sobre si la gente prefiere contar que están leyendo un libro sobre "jugar" o sobre la medallita que podrían ponerse al declararse "adictas al trabajo").

Deep Work (Trabajo intenso) pasa la "prueba del cóctel". Resulta genial decirle a alguien que el trabajo que estás haciendo es "intenso". Hace sentirse importante. Esta es la razón por la cual el "trabajo intenso" se ha convertido en un término en sí mismo, del que hablan las personas de ciertos círculos.

Deep Work podría haberse llamado fácilmente *The Importance of Focus* - "La importancia de la concentración", y no sería tan pegadizo.

Loneliness (Soledad) es un buen libro sobre un tema importante, escrito por un académico que ha dedicado su carrera a estudiar ese tema. Pero apuesto a que el título frena sus ventas.

Incluso el autor cuenta una anécdota sobre sentirse avergonzado por leer una primera copia del libro, con la palabra "Soledad" impresa, mientras estaba en un avión.

De nuevo, este es un tema infinitamente complejo. Lo he enumerado como un paso, pero no permitas que la falta de un buen título te impida escribir tu libro. El título correcto se hará más claro a medida que escribas.

Para obtener más información sobre cómo escribir títulos de libros, nuevamente recomiendo mi podcast con Tucker Max.

PASO Nº 6: CREA UN ESQUEMA PARA TU LIBRO

Cuando estaba en el colegio, todos los profesores y profesoras de lengua que tuve lograron liarme. Me pedían que escribiera un esquema y *después* escribiera mi trabajo. Siempre me pregunté, ¿cómo puedo escribir un esquema si no sé lo que voy a escribir? (En mi último libro, *The Heart to Start*, ("Coraje para empezar"), llamo a esto "la distorsión de trabajo lineal".)

He aquí un par de cosas que desearía que alguien me hubiera dicho sobre escribir: es mucho más fácil escribir sobre lo que se conoce. También es mucho más fácil saber de algo una vez que se ha escrito.

Ahora mismo llevas varios meses escribiendo a diario, e incluso publicando a diario durante el último par de ellos. A veces has tenido que recordarte que está bien repetir el tema sobre el que escribes.

Esto ha ayudado a crear un "punto de vista" en tu mente. Una publicación se relaciona con otra y algunas cosas se superponen; con el tiempo, te has formado un punto de vista sobre todo un tema. Una vez dispongas de ese punto de vista, te darás cuenta de que escribir un esquema sobre él es mucho más sencillo.

Escribe una lista con puntos de los temas que te gustaría abordar en tu libro. Piensa en todo lo que has aprendido de tu hábito de leer muestras de Kindle. ¿Cómo han comenzado los libros más atractivos y cómo se puede comenzar de una manera similar?

Esto no es algo que la primera vez se logre correctamente. Puede que lo hayas intentado al principio de tu expedición hacia la escritura y lo hayas encontrado difícil. Si sigues revisando tu esquema de vez en cuando, encontrarás que comienza a solidificarse.

Con el tiempo, tendrás un esquema lo suficientemente bueno como para constituir un primer borrador.

PASO N° 7: ESCRIBE EL PRIMER BORRADOR DE TU LIBRO

Has logrado mantener el hábito de escribir y publicar y has escrito lo suficiente como para hacerte un resumen general de lo que te gustaría decir sobre un tema concreto.

Ha llegado la hora de escribir un primer borrador. Sabes que es el momento para ello porque, cuando miras tu esquema, casi puedes ver cada capítulo en tu cabeza. Ya has escrito mucho de lo que vas a decir. Es como si tuvieras un montón de piezas de tela que a continuación vas a coser en una colcha.

Ahora que puedes ver cada capítulo en tu cabeza, y ya has escrito lo suficiente como para tener una idea de la duración que debe tener cada capítulo, puedes hacer un resumen más detallado.

Calcula cuántas palabras tendrá aproximadamente cada sección y también cuántas puedes escribir cada día. Marca tus sesiones de escritura en el calendario. Si has mantenido la costumbre de escribir y publicar de manera regular, será fácil saber qué hora es la que te va mejor, lo te hará sentir la seguridad de que podrás cumplir con tu horario.

Me "mentí" a mí mismo al escribir el primer borrador de lo que más adelante sería *The Heart to Start* (una técnica que llamo "Judo motivacional" en el propio libro). Planifiqué treinta capítulos en treinta días (laborables). Me dije que escribiría de 250 a 500 palabras cada día. Terminé escribiendo alrededor de 1.000 palabras cada día.

250–500 palabras por capítulo hubieran estado bien,

porque podría haberme extendido más en mi segundo borrador. Pero decirme a mí mismo que eso era todo lo que tenía que escribir me ayudó a comprometerme con mi agenda.

CUMPLE

Planear las sesiones de redacción para tu primer borrador requiere de un mayor nivel de compromiso que tus hábitos diarios de escritura o publicación.

Por un lado, escribes diariamente más palabras, además de planear por adelantado lo que vas a escribir. Necesitas poder encontrar la actitud mental correcta para escribir sobre temas planificados previamente, un día tras otro.

Puede ser aterrador, y escribir tu primer borrador requerirá que profundices aún un poco más. Será más sencillo si encuentras la manera de cumplir.

Afortunadamente, puedes cumplir y crear una audiencia al mismo tiempo. Creé una *landing page* en la que detallé mi estructura de capítulos. Prometí a todas las personas que se registraron en mi lista de correo electrónico un capítulo diario durante treinta días (laborables).

Puedes crear una *landing page* con herramientas como LeadPages o Thrive Themes (que es la que yo utilicé). Si usas ConvertKit para tu lista de correo electrónico, tienen plantillas integradas para *landing pages* que puedes usar.

Una vez que haya personas registradas para tu primer borrador, es hora de cumplir con tu calendario de escritura. Yo me aseguré de mantenerme una semana por delante de lo comprometido. Escribía un borrador realmente malo todas las mañanas, dejaba que ese borrador se incubara un poco en mi cerebro y lo revisaba por la tarde del día siguiente. Al final de cada semana, programaba los correos electrónicos que se enviarían automáticamente la siguiente semana.

Esta forma de escribir un primer borrador es excelente, no solo porque te hace cumplir, sino también porque le facilita a la gente leer el libro. La mayoría de las personas están ocupadas y leer un libro, especialmente de un autor o autora desconocidos, es un gran compromiso. Si puedes enviar 500 o 1.000 palabras a sus bandejas de entrada cada día, leerán tu libro poco a poco.

PASO Nº 8: LEE EL PRIMER BORRADOR DE TU LIBRO

Es una sensación maravillosa cuando terminas el primer borrador. *¡Has escrito un libro!* Claramente, tiene muchos errores y bastante margen de mejora, pero *es* un libro. Y ahora, empieza con el segundo borrador.

Una cosa que me encanta de escribir un libro es imprimirlo. Hay algo acerca de disponer de una pila de papeles repleta con miles de palabras escritas por ti que hacen que el libro parezca más real que nunca. Me parece que resulta una gran fuente de combustible motivacional.

Imprime tu primer borrador. Deja un amplio margen en el lado derecho del documento e imprime solo en un lado de cada página, de modo que tengas espacio para escribir. Yo lo llevo al Office Depot de mi calle y uno las páginas con un clip de carpeta. Después me siento en la terraza de un café, disfrutando del aire templado de Medellín.

Imprimir tu primer borrador es una sensación increíble. También te ayuda a "sentir" el libro tal y como lo haría un lector o lectora.

Leer tu libro en papel, sin ordenador de por medio y con el móvil bien escondido, te proporcionará un nuevo nivel de concentración. La necesitarás, porque vas a enfrentarte a tu libro por primera vez.

Apaga tu cerebro por un momento. Olvídate de todo lo que sabes sobre el libro y todo lo que quieres que éste sea. Intenta limpiar la pizarra y ser simplemente una persona que reacciona por vez primera ante este libro.

Trata de leer el libro de una vez sin señalar demasiado. No te preocupes por la ortografía o la gramática, ahora mismo sólo estás tratando de *sentir* el libro. ¿Cómo es en comparación con lo que se siente con algunas de las mejores muestras de Kindle que has leído?

Ahora reléelo. Escribe notas en los márgenes o en la parte posterior de las páginas. No estás tratando de reescribir tu prosa, solo estás pensando en la estructura del libro, lo que te has dejado o lo que parece innecesario.

Sé paciente durante esta fase de evaluación del primer borrador. Tienes que dejarlo incubar. Cuanto más te alejes de ello, más claramente verás lo que debes hacer cuando lo vuelvas a visitar. En *On Writing* ("Mientras escribo"), Stephen King anima a las personas que escriben ficción a dejar sus primeros borradores en un cajón durante seis semanas, antes incluso de repasarlos por vez primera.

Es probable que hayas descuidado una parte de tu vida mientras escribías este primer borrador, así que está bien tomarse un tiempo libre. Mantén algún tipo de hábito de escritura y lectura para no olvidar que te dedicas a escribir.

Yo pasé un par de meses trabajando en otros aspectos de mi negocio mientras dejaba que se incubara mi primer borrador.

PASO Nº 9: REESTRUCTURA TU ESQUEMA

Cuando regreses al libro, repasa el esquema. Mejor aún, siéntate con un cuaderno y escribe un resumen del libro desde cero, sin prestar atención a lo que recuerdas o no recuerdas de él. Probablemente tengas un perfil más nítido y claro que nunca.

Puede que tengas reescribir varias veces el nuevo esquema antes de que te satisfaga. Incluso es posible que tengas que reestructurar completamente el libro.

Si se trata de tu primer libro, probablemente hayas tratado de incluir demasiadas ideas en él. Ahora que has estado estudiando libros con regularidad, tendrás una mejor idea de qué debe quedarse y qué no.

The Heart to Start salió de mi esquema para un libro titulado *Getting Art Done* ("Crear Arte"). Al revisar mi primer borrador, descubrí que había una sección entera que trataba acerca de superar la resistencia inicial. ¡Me di cuenta de que esto tenía que estar en un libro propio! No encajaba con el tema de GAD, que tenía más que ver con la optimización de la producción creativa.

PASO N° 10: ESCRIBE UN SEGUNDO BORRADOR

A estas alturas, deberías tener un mejor manejo de tu escritura que cuando comenzaste. Al principio necesitabas aquellos pequeños hábitos para facilitar la actividad de la escritura, lo que solidificó tu personalidad creadora.

Ahora que tienes un primer borrador es hora de encontrar la manera de hacer el segundo. Esto probablemente será mucho más fácil. Ahora tienes arcilla con la que trabajar.

Necesitas encontrar la forma de mantener la motivación, algo que puede haber cambiado en este punto. Puedes anunciar otro desafío diario de escritura a las personas en tu lista de correo electrónico, o puede que ya no lo necesites. Quizás ya tengas la seguridad de que vas a mantener el hábito de la escritura diaria y de que vas a realizar el segundo borrador.

En este segundo borrador, ya piensas en:

- **Estructura.** Tú lo has creado, así que tú eres quien guía en este recorrido por la jungla de tu propia mente. El desafío de la no ficción es presentar una red compleja de conceptos interconectados de una manera más o menos lineal. Has de demostrar a las personas que te leen que tienes un plan, que no vas a dejar que se pierdan y que un tigre no las comerá si te siguen.
- **Principio y puesta en valor.** Piensa en todas esas excelentes muestras de Kindle que has leído. ¿Es impactante el principio del libro? ¿Establece claramente el concepto? ¿Está claro para todo el mundo cómo les va a ayudar la lectura de este libro? ¿Los motivará a comprar?
- **Tejido conectivo.** El esquema y el flujo de conceptos componen el esqueleto del libro; luego está el "tejido conectivo". ¿Hay transiciones suaves desde el final de un capítulo hasta el comienzo del siguiente? Si pasas por alto un tema complejo, ¿tranquilizas a las personas que lo están leyendo haciéndoles saber que lo tratarás más adelante?
- **Historia.** No importa cuál sea el tema, el libro será una lectura más agradable si presta atención a la historia. En *The Heart to Start*, cuento mi propia historia de pasar de estar encadenado a mi mesa de oficina a encontrarme en la lista de los autores más vendidos, pero cada capítulo también tiene pequeñas historias acerca de la gente a la que invito a participar en mi podcast, *Love Your Work*. Mi historia se entreteje a lo largo del libro, al tiempo que añado una o dos historias de otros creadores en cada capítulo.

Personalmente te recomendaría imprimir el libro una o dos veces mientras trabajas en el segundo borrador. Lo encuentro muy motivador y me ayuda a pensar en mi libro en un nivel superior.

PASO Nº 11: ESCRIBE EL ÚLTIMO BORRADOR

Has escrito tu primer borrador, lo has dejado incubar y has reestructurado y reescrito tu libro. Ahora es el momento de pulirlo y prepararlo para su publicación.

No importa lo perfecto que creas que es tu libro, necesitas algún tipo de ayuda para editar. Puedes contratar a gente especializada en edición en sitios como Upwork o Reedsy. Por cuánto dinero, ya depende de ti.

Esta persona podría sugerir que vuelvas a estructurarlo, o quizás prefiera mantenerlo como está y centrarse en la ortografía, la gramática y la puntuación.

Aquí es necesario encontrar el equilibrio: todos los libros que escribas será imperfectos. ¿Cuánta imperfección puedes llegar a soportar? ¿Tienes la intención de invertir miles de dólares, además de muchos meses más, para modificar este libro?

Si es la primera vez que escribes, incluso si consideras que tu libro está "terminado", aún te queda mucho por aprender. Puede que sea mejor que termines tu libro sabiendo que tu próximo libro será aún mejor. Recuerda el mantra, **hay más de donde vino.**

Además, con Kindle y servicios de impresión bajo demanda, como Amazon KDP Print, siempre puedes actualizar tu libro más adelante. Pat Flynn lanzó su primer libro, *Let Go* ("Deja que pase"), y unos años más tarde lanzó una edición actualizada y ampliada. Podrías actualizar tu edición en Kindle un par de veces al día si lo desearas (la nueva edición será enviada solamente a los nuevos clientes).

No contraté un editor para *The Heart to Start*. En su lugar, lo "edité en público" (una idea que me dio Nir Eyal). Puse mi segundo borrador en un Google Doc y lo compartí con mi lista de correo electrónico. Mis lectores pudieron leer el libro gratis, pero también fue fácil para ellos comentar y hacer correcciones.

Algunos comentarios fueron sobre si algo encajaba en el libro. Otros fueron clases de gramática y puntuación. Algunos más señalaron errores tipográficos.

Algunas de las personas que lo editaron eran profesionales. Tuve mucha suerte de contar con muchas personas de gran inteligencia dispuestas a proporcionar comentarios mientras leían el libro gratis. Gracias a ello, mi libro resultó realmente genial. Creo que solo recibí un aviso de errata después de publicar *The Heart to Start*, que rápidamente solucioné.

Me aseguré de recopilar los nombres de las personas que proporcionaron comentarios útiles. Los puse en la sección de agradecimientos del libro porque, después de todo, ¡lo habían editado! Como beneficio extra, logré que se comprometieran aún más con su éxito. Si estás en los agradecimientos de un libro, naturalmente quieres que tenga éxito.

¡FELICIDADES, YA SABES CÓMO ESCRIBIR UN LIBRO!

Cuando creas que has realizado todos los cambios necesarios, imprime tu libro una última vez. Es realmente emocionante tener delante esa pila de palabras que tú has escrito. Podrás publicarlo en cualquier lugar: Kindle, iBooks, Google Play, Amazon KDP Print, ¡o puedes venderlo directamente a tus lectores!

¡Felicidades, has escrito un libro! Lo más poderoso que he sentido después de escribir un libro es la confianza de que puedo hacerlo de nuevo. Como andar en bicicleta o bailar salsa, ahora tienes una nueva habilidad que puedes usar una y otra vez durante el resto de tu vida.

Ahora que sabes cómo escribir un libro, ¿a qué estás esperando? ¡Anímate y escríbelo! (Si es más fácil decirlo que hacerlo, tengo un libro para eso: Se llama *The Heart to Start* ("Coraje para empezar"), y te ayudará a superar el miedo, la duda y el perfeccionismo para lograr hacer de tu trabajo una realidad).

SOBRE EL AUTOR

David Kadavy es un autor bestseller, blogger, podcaster, y conferencista. El hace blogs en kadavy.net y también tiene podcast, *Love Your Work*. Sus escritos están en *Quartz*, *Observer*, *Inc.com*, *The Huffington Post*, *McSweeney's Internet Tendency*, and *Upworthy*. Ha dado charlas en ocho paises, incluyendo en SXSW y TEDx.

9 781729 179437